Jacques Siegfried

Les Écoles supérieures

de commerce

Édition : BoD • Books on Demand GmbH, In de Tarpen 42,
22848 Norderstedt (Allemagne)
Impression : Libri Plureos GmbH, Friedensallee 273, 22763
Hamburg (Allemagne)
ISBN : 978-2-3225-4430-1
Dépôt légal : Septembre 2024

I

Gœthe reprochait aux Français de ne pas savoir la géographie. Je crois qu'à ce premier blâme il en ajouterait aujourd'hui un second qui, du reste, en est pour ainsi dire le corollaire : il nous accuserait de trop peu voyager. Bien rares, en effet, sont ceux de nos compatriotes qui ont été en Amérique, aux Indes ou en Chine et je dirai même en Angleterre ou dans l'Allemagne, si j'en excepte certaine vallée charmante du grand-duché de Bade que nous ne connaissons peut-être que trop ! Et cependant les facilités de communication entre les différents pays du monde augmentent chaque jour ; les contrées les plus éloignées, l'Australie, le Japon, qu'autrefois nous ne faisions qu'entrevoir comme au travers d'un brouillard, sont reliées maintenant à l'Europe par des services réguliers et rapides de bateaux à vapeur : le canal de Suez nous évite même les embarras d'un transbordement ; le nouveau chemin de fer du Pacifique franchit comme en se jouant ces Montagnes-Rocheuses dont le nom seul faisait frémir il y a peu d'années encore ; enfin l'on voit une compagnie américaine délivrer des billets-circulaires pour un voyage de plaisir que les gens pressés peuvent accomplir en 90 jours et qui, comprenant dans son itinéraire les villes de Londres, Paris, le Caire, Bombay, Calcutta, Singapore, Hong-Kong. Shanghae, Yokohama, San Francisco. Chicago et New-York, constitue un véritable tour du monde. Il y a longtemps que les Anglais considèrent un grand voyage comme le complément indispensable d'une éducation soignée ; au sortir de ses études, le jeune *gentleman* allait jusqu'à présent visiter soit l'Amérique, soit les Indes ou l'Australie ; il est probable que l'on exigera prochainement le tour du monde complet, pendant que chez nous trop de fils de famille continueront à ne faire d'autre tour que celui des boulevards, entre la Madeleine et le passage de l'Opéra.

Cette ignorance relative de ce qui se passe au dehors de nos frontières fait que, de tous les peuples, nous sommes celui qui profite le moins des expériences des autres. Nous nous laissons guider uniquement par notre caractère national et par les enseignements de nos *classiques,* si bien que nous tournons toujours dans le même cercle, ou à peu près, pendant qu'autour de nous il s'opère dans le monde des changements considérables. Pour sortir de cette situation, que j'oserais presque qualifier de routinière, il est vivement à désirer qu'une partie de plus en plus nombreuse de nos jeunes gens visitent les pays étrangers, les uns pour y acquérir l'expérience et l'ampleur de vues que donnent les voyages, les autres, ceux qui voudront y séjourner un peu plus longtemps, pour en rapporter en même temps la fortune. Cette émigration temporaire serait féconde sous tous les rapports : Au point de vue politique, par exemple, elle aurait pour conséquence de satisfaire les aspirations de nos libéraux exagérés dont nous finissons fatalement, dans l'état actuel des choses, par faire des révolutionnaires, tandis que si nous leur apprenions à chercher au loin l'indépendance nécessaire à leur bonheur, ils nous reviendraient quelques années après, plus modérés, plus disposés à préférer aux coups de tête les progrès lents mais constants. Au point de vue social nous verrions la jeunesse française cesser de courir sus aux places de l'administration et de l'armée, au détriment de nos forces vives ; le père de famille se déshabituerait de considérer comme le *nec plus ultra* de son ambition le désir de voir son fils devenir inspecteur des douanes ou directeur de l'enregistrement ; nous ne croirions plus que rien. n'est préférable à ces places du gouvernement que l'on appelle des positions stables et qui sont en réalité à peine suffisantes pour équilibrer le budget de nos dépenses annuelles, en vivant, bien entendu, de privations. Si nous savions mieux profiter des ressources que nous offrent les pays étrangers, nous ferions disparaître, ou en tous cas diminuer grandement, la difficulté que nous avons en France d'assurer l'avenir de nos enfants, et l'accroissement de la population reprendrait sans doute chez nous un développement normal analogue à celui des nations voisines. M. Prevost-Paradol n'aurait plus à nous prédire, comme il l'a fait, hélas ! avec trop de raison, que si nous n'y prenons garde, nos petits-enfants trouveront le monde dévolu à la race anglo-saxonne.

Pour maintenir notre patrie au rang qui lui est dû, la première chose à faire, et la plus importante, me paraît être, sinon une réforme complète, du moins des changements considérables dans notre enseignement, L'instruction que donnent nos lycées peut être excellente pour un petit nombre de nos compatriotes, mais elle tombe à faux pour la majorité d'entre eux. Nous avons trop de littérateurs, trop d'avocats, trop de candidats à tous les emplois du gouvernement ; nous ne formons pas assez de gens pratiques, d'une éducation moins brillante mais plus positive. Nous connaissons à fond la mythologie grecque et les limites de l'empire d'Alexandre, mais nous ne savons que peu de chose en fait de géographie moderne ; nous lisons le grec et la plupart d'entre nous savent plus ou moins le latin, mais quels sont ceux de nos écoliers qui parlent l'anglais ou l'allemand ? Or, quand on veut voyager avec fruit, que ce soit comme fils de famille désireux de compléter son instruction, ou qu'on le fasse avec l'ambition d'améliorer son sort en allant chercher fortune au loin, il faut savoir les langues vivantes, la géographie et l'histoire modernes, il faut posséder quelques notions d'économie politique et de droit international, il faut enfin être un peu au courant des usages commerciaux des différents peuples. Il est bon de connaître toutes ces choses, non pas seulement lorsque l'on désire voyager, mais encore pour être chez soi un bon citoyen, d'un jugement sain, sachant apprécier tous les progrès par la comparaison avec ce qui se passe ailleurs.

Il n'entre certes pas dans ma pensée de critiquer pour le seul plaisir d'obéir à un instinct français par excellence, celui de l'opposition ! Je reconnais qu'il a été fait beaucoup dans ces derniers temps, que M. Duruy notamment a mérité de grands éloges, mais il y a d'immenses progrès à accomplir encore et c'est d'un de ces progrès que je compte parler aujourd'hui. Pour éviter l'encombrement des professions libérales qui ne peuvent offrir de place qu'à un nombre d'hommes limité, et les fâcheuses conséquences qui en résultent pour notre pays, nous devrions développer beaucoup plus que nous ne le faisons le goût pour le commerce qui, lui, présente un champ si vaste qu'on peut le dire presque illimité. Nous avons des écoles supérieures pour l'armée, pour la marine, pour le droit, la médecine, les belles-lettres, pour les sciences, pour l'industrie même ; pourquoi n'en avons-nous pas pour le commerce ? On dirait que chez nous on en est encore à penser que le commerce est si peu de chose qu'il n'est besoin d'y préparer personne et qu'il lui suffira toujours des fruits secs des autres professions. L'expérience des dernières années et le rang qu'ont pris dans le monde les nations où il est le plus en honneur, devraient cependant finir par modifier ces idées d'autrefois et par faire comprendre qu'au contraire c'est surtout dans les affaires que les hommes instruits et capables trouvent aujourd'hui l'emploi le plus fécond de leurs facultés.

Dans la longue discussion qui a eu lieu dernièrement au Corps législatif au sujet du traité de commerce avec l'Angleterre, j'ai été vivement frappé par une des dernières répliques de M. Thiers. Forcé de reconnaître que l'industrie française avait grandement augmenté ses exportations en Angleterre, l'illustre orateur s'est écrié que le traité de 1860 avait livré notre commerce à nos rivaux. Eh bien ! qu'est-ce que cela prouve, sinon que notre commerce est en défaut, que c'est lui surtout que nous devons chercher à fortifier et à développer. Notre industrie, M. Thiers est obligé de l'avouer, fabrique des produits susceptibles d'être exportés, mais au lieu de les écouler directement dans les pays de consommation définitive, que faisons-nous ? Nous les envoyons à l'Angleterre qui, elle, les place à commission pour notre compte. Cela n'indique-t-il pas de la manière la plus évidente que notre commerce n'est pas à la hauteur de notre industrie et que c'est de notre commerce avant tout que nous devons nous préoccuper.

M. Thiers s'est demandé aussi comment la France, avec ses colonies peu importantes, pouvait lutter contre les débouchés immenses que s'est assurée l'Angleterre en étendant son empire dans toutes les parties du monde. Mais dans toutes les possessions anglaises les négociants et les industriels d'Europe sont reçus sur le même pied, quelle que soit leur nationalité. Les douanes n'y connaissent qu'un seul tarif pour chaque produit, quelle que soit son origine ; les tissus français n'y paient pas un centime de plus que les tissus anglais. Et les négociants français, allemands, italiens, suisses qui désirent s'y établir y sont reçus aux mêmes conditions que les maisons anglaises. Si donc l'industrie et le commerce français ne traitent pas directement leur affaires avec l'étranger, s'ils empruntent trop souvent l'intermédiaire des Anglais, ce n'est pas le moins du monde qu'ils y soient forcés, cela provient uniquement de ce que, faute d'avoir formé assez de négociants capables et entreprenants, nous n'avons pas de représentants dans les pays lointains.

M. Thiers a certainement raison de trouver que, momentanément du moins, l'industrie française a besoin de droits *compensateurs,* en attendant que l'Etat puisse la dégréver de certaines charges injustes, telles par exemple que les droits sur la houille et sur toutes les matières premières, ou qu'il ait réussi, en améliorant la situation de nos canaux, comme paraît vouloir le faire M. de Talhouët, à réaliser les transports à bon marché que nous a promis la lettre impériale du 5 Janvier 1860. et à faire disparaître ainsi les tarifs excessifs de nos chemins de fer qui, pour ne citer qu'un exemple, permettent aux marchés de Londres, d'Anvers, de Brême et de Hambourg d'envoyer leurs cotons à Mulhouse à bien meilleur compte qu'on ne peut les expédier directement du Havre.

M. de Forcade et M. Rouher. de leur côté, étaient dans le vrai en proclamant une fois de plus les avantages de la liberté commerciale, et cette cause est. du reste, trop universellement gagnée auprès de l'opinion publique pour que je veuille y revenir ici. Ce que je veux dégager surtout de ces discussions, c'est que protectionnistes et libre-échangistes ont laissé entièrement, dans l'ombre un point capital, l'obligation pour la France de créer à l'étranger des maisons de commerce françaises. On s'est longuement occupé des prix de revient, mais sans parvenir à s'entendre ; personne n'a fait remarquer que, si autrefois l'industriel n'avait à se préoccuper que d'un seul point, celui de fabriquer à bon marché, aujourd'hui son succès dépend avant tout de la manière dont il achète ses matières premières et dont il sait vendre ses produits. L'industrie est devenue *commerciale*.

Les bateaux à vapeur transatlantiques, les télégraphes sous-marins ont changé la face des choses ; il faut savoir le reconnaître et prendre les mesures nécessaires pour se tenir à la hauteur du progrès. Négliger de développer par tous les moyens possibles l'esprit commercial de la France, ce serait commettre aujourd'hui la même faute que celui que prenait la défense des diligences contre les chemins de fer, ou qui, dans la prochaine enquête sur la marine marchande, soutiendrait quand même les navires à voiles sans s'apercevoir que l'avenir est forcément aux bateaux à vapeur. Voyez ce que fait l'Angleterre ! Ce n'est pas elle assurément qui a percé le canal de Suez ; elle a préféré nous laisser cette tâche un peu lourde, que nous avons du reste accomplie noblement, il faut le reconnaître. Eh bien ! que fait l'Angleterre aujourd'hui ? elle construit de nombreux steamers, tirant seulement 6 mètres d'eau et capables de porter jusqu'à 12,000 balles de coton ; elle les met sur la ligne de Bombay et la voilà qui offre de nous amener le coton de l'Inde en 30 jours au lieu des quatre mois employés par les navires à voiles, et cela à un fret relativement très-modéré, compensation faite de la différence dans la prime d'assurance, de la perte d'intérêts moindre, et surtout de la tendance moderne si accentuée de pouvoir réaliser promptement chaque affaire afin de renouveler sans cesse. Après avoir dépensé 4 ou 500 millions pour relier la Méditerranée à la Mer-Rouge, la France laissera-t-elle les autres nations profiter seules de notre entreprise grandiose, et nous contenterons-nous d'avoir tiré les marrons du feu ? Et pourtant une ligne de grands steamers entre Bombay et le Havre serait fort productive. Mais personne ne se met en avant, parce que chez nous, il faut bien le dire, l'initiative individuelle existe à peine, tuée qu'elle est en nous dès nos premières années par le régime quasi-militaire de nos lycées et de nos collèges. L'éducation française ne vise qu'à faire des savants, elle ne forme pas des hommes ; elle fait de nous, dans toutes les branches, des soldats habitués à marcher au pas et seulement sur l'ordre de leur chef ; nous n'osons rien entreprendre par nous-mêmes, nous avons toujours besoin d'un maître ! Et quand nous n'obéissons pas à ce maître, ce n'est pas ouvertement que nous le faisons, il reste presque toujours en nous quelquechose de l'écolier qui se contente de faire des niches à son surveillant.

Pour achever de démontrer, avant d'entrer dans l'étude plus directe des écoles supérieures de commerce, combien les contrées lointaines augmentent d'importance de nos jours, je veux citer un seul exemple. Les échanges que l'Inde, la Chine et le Japon font annuellement avec l'Europe, s'élèvent, importations et exportations réunies, au chiffre de trois milliards de francs. C'est plus du double de ce qu'il était il y a dix ans à peine, et quand on songe que ce commerce s'adresse à six cent millions d'habitants, on peut prédire sans aucune exagération son accroissement rapide et considérable. Ce commerce extérieur de l'extrême Orient doit être envisagé sous deux points de vue : il faut voir d'abord quels sont les pays qui reçoivent ses produits et lui fournissent les marchandises dont il a besoin ; il faut rechercher ensuite par quels négociants ces affaires sont faites. Sous le premier rapport, l'avantage est aujourd'hui exclusivement en faveur de l'Angleterre ; c'est elle qui fournit presque tous les articles manufacturés que nous demandent les Orientaux, et c'est elle qui reçoit en échange la majeure partie des produits de leur sol. La France et l'Allemagne n'importent encore directement dans leurs ports qu'une portion des matières premières nécessaires à leur industrie, et elles vont encore compléter leurs approvisionnements dans les entrepôts de Liverpool et de Londres, quelque singulière que soit de nos jours une pareille anomalie. Quant aux articles manufacturés exportés par l'Europe en Orient, la France n'y contribue directement que pour très-peu de chose jusqu'à présent, et si l'Allemagne et la Suisse font de notables progrès depuis quelques années, elles sont très-loin de pouvoir entrer en comparaison avec l'Angleterre, qui occupe donc le premier rang et cela dans une proportion écrasante pour l'importation des matières premières et l'exportation des produits manufacturés.

Il n'en est plus tout à fait de même au point de vue de la nationalité des négociants qui président à cet immense commerce. Les Anglais y sont encore les premiers, il est vrai, mais ils n'y ont plus la prépondérance exclusive. Il était de mode autrefois d'avoir en Orient des maisons colossales qui, s'appuyant sur de grands capitaux et sur d'anciennes et fidèles relations, prenaient les affaires de très-haut, faisaient d'énormes opérations pour leur propre compte et semblaient même mépriser les bénéfices plus modestes, mais plus sûrs et plus réguliers, d'un commerce de commission pour compte d'amis. Les Anglais avaient alors une sorte de monopole, car ces affaires hardies, larges, excitantes, convenaient surtout à leur caractère entreprenant, entier, enclin à s'occuper de lui-même et à se livrer à de grandes combinaisons, plutôt que d'avoir à suivre jusque dans leurs détails les instructions de commettants dont il aurait fallu rechercher en même temps les bonnes grâces.

Ces conditions ont changé depuis quelques années ; des banques nombreuses et puissantes, agglomérations énormes de capitaux, sont venues faciliter les affaires et permettre aux fortunes modestes, appuyées sur le travail, de concourir avec les maisons plus riches et d'ordinaire moins actives. Quant aux anciennes relations, elles sont battues en brèche chaque jour par la vapeur qui rapproche les personnes, et par l'électricité qui, à toute heure et à tout instant, oppose les offres du concurrent à celles de l'ancien ami. Et du reste ces relations, restreintes autrefois à peu de monde, se perdent maintenant dans le nombre chaque année plus considérable des négociants et des chefs d'industrie qui se mettent en rapports directs avec les pays lointains. Il n'est plus question aujourd'hui de monopole, d'aristocratie de capitaux ; le commerce de l'Orient devient de plus en plus démocratique, chacun peut en prendre sa petite part et la porte est ouverte maintenant à tout le monde.

Les Allemands et les Suisses ont profité largement de ce nouvel état de choses : plus actifs, plus travailleurs, suivant leurs affaires de plus près que les Anglais, ils ne se sont pas contentés de s'occuper des affaires relativement peu importantes encore, quoique toujours croissantes, de leur patrie, mais ils se sont immiscés de plus en plus dans le commerce des Anglais et ils sont arrivés à leur faire, sur leur propre terrain, une concurrence qui augmente chaque jour. Les Français, j'ai eu le regret de le constater pendant mon récent voyage autour du monde, sont loin d'en avoir fait autant ; non seulement il n'est pas question pour eux de prendre part aux affaires anglaises proprement dites, ni même à celles du continent européen, auxquelles cependant pourrait donner droit la situation de la France si admirablement appuyée sur l'Océan et sur la Méditerranée et relativement si rapprochée de l'extrême Orient par les compagnies de steamers qui ont toutes fait de Marseille leur tête de ligne, mais encore les Français ne font aux Indes, en Chine et au Japon, qu'une portion des affaires de leur propre pays.

Et je ne parle là que des matières premières dont notre industrie a un besoin immédiat ; pour être tout à fait pratique et pour éviter toute apparence d'illusions, je laisse momentanément de côté l'exportation que la France arriverait évidemment aussi, une fois ou l'autre, à faire dans les pays orientaux, si des relations plus fréquentes la mettaient mieux au courant de leurs besoins. Ce commerce d'exportation est réduit jusqu'ici à quelques vins et liqueurs, à quelques lainages, à quelques toiles peintes et à des objets de mercerie : il ne pourra, je crois, se développer qu'en dernier lieu, lorsque les progrès amenés par notre traité de commerce avec l'Angleterre auront eu le temps de se faire sentir dans toutes les branches de notre industrie, lorsque nos manufacturiers, connaissant mieux les goûts et les usages des pays lointains, se décideront à faire des marchandises adaptées à leurs besoins et à sacrifier un peu la qualité pour arriver au bon marché, de même qu'à se conformer à certaines mesures indispensables de longueur et de largeur. Mais en tout état de cause on peut affirmer qu'il y a pour nous une grande place à prendre et que nous sommes presque inexcusables de l'avoir négligée jusqu'à présent.

Si la France profite si peu des magnifiques ressources offertes par les pays lointains, serait-ce que les Français, pris individuellement, soient inférieurs aux autres nations ? Nullement ! Nous sommes aussi intelligents que n'importe qui. nous sommes plus travailleurs, plus soigneux et plus prudents que les Anglais ; notre infériorité consiste d'abord dans notre ignorance de ce qui se passe à l'étranger, ensuite dans la manière dont nous sommes élevés, car elle rend difficile à nos jeunes gens de s'expatrier dans de bonnes conditions.

J'ai entendu expliquer d'une manière très-commode pour notre amour-propre cette indifférence que montre la France à l'égard des pays étrangers : nous croyons avoir tout dit quand nous prétendons que nous aimons trop notre patrie pour pouvoir la quitter. Mais s'imagine-t-on que les Anglais, que les Allemands, que les Suisses qui sont établis dans l'Inde, dans la Chine et au Japon, oublient pour cela leur pays natal ? Croit-on qu'aucun d'eux s'y fixe pour toujours et ne les voit-on pas tous aspirer au moment où ils pourront rentrer dans leurs foyers ! Seulement, plutôt que de passer chez eux une existence la plupart du temps médiocre, ils préfèrent s'expatrier pendant quelques années et avoir ainsi de grandes chances de se trouver à leur retour dans une position meilleure. On me persuadera difficilement qu'en France on ne trouverait pas bien des gens qui en feraient volontiers autant, s'ils y avaient été préparés par leur éducation première.

Or, pour être à même de chercher fortune dans les pays lointains, soit en allant s'y établir de prime abord en grand négociant, avec des capitaux, soit en suivant la voie, extrêmement simple et pratique, à la portée de tous les jeunes gens intelligents, suivie presque toujours par les Suisses et les Allemands, et qui consiste à entrer d'abord comme employé dans une maison étrangère et à y faire son chemin par son zèle et par son travail, il faut avant tout savoir la langue des affaires, l'anglais ; il faut ensuite connaître jusqu'à un certain point les usages commerciaux des pays que l'on a en vue.

C'est cette lacune dans l'instruction et dans les mœurs françaises qu'il faudrait combler en créant dans nos villes principales des Ecoles supérieures de commerce. Je me propose de rechercher dans les chapitres suivants le meilleur mode d'organiser ces Ecoles, en étudiant les exemples que nous donnent les pays étrangers et en les modifiant de manière à les mettre d'accord avec notre caractère national.

II

Les Anglais n'ont pas d'Ecoles commerciales supérieures ; il n'ont dans cette branche qu'un enseignement secondaire spécial où le latin est facultatif et non pas obligatoire, et où la grammaire anglaise, le français, les mathématiques, la physique, la chimie, l'histoire, la géographie, le dessin, la calligraphie, la tenue des livres et l'économie politique forment la base des études. Ce genre d'Ecoles, qui prend les enfants à l'âge de 9 ans et qui les garde seulement jusqu'à 15 ans, ne s'adresse qu'aux familles pressées de voir leurs enfants gagner eux-mêmes leur vie. Les parents qui sont dans une meilleure position de fortune attachent un grand prix à l'enseignement classique, même pour les jeunes gens qu'ils destinent au commerce ou à l'industrie, ce qui se comprend du reste jusqu'à un certain point lorsqu'on sait qu'en Angleterre les colléges visent à faire l'éducation de leurs élèves, à développer leur jugement, beaucoup plus qu'à exagérer leur instruction et à surcharger leur mémoire au détriment de leur raisonnement.

Mais si les Anglais peuvent se passer, plus qu'aucune autre nation, d'un enseignement commercial proprement dit, grâce à leurs traditions mercantiles, grâce au nombre colossal de comptoirs qu'ils ont aussi bien dans leur propre pays que dans toutes les parties du monde et dont les chefs sont toujours prêts à recevoir ou à placer les jeunes gens de leur famille, on aurait néanmoins tort de croire que les Ecoles de commerce seraient inutiles chez eux. Je n'hésite pas à dire, en effet, qu'aujourd'hui les négociants anglais ne sont plus supérieurs à ceux des autres nations. Les Allemands et les Suisses, pris individuellement, sont plus avancés qu'eux et gagnent du terrain chaque jour ; à tel point que les journaux britanniques commencent eux-mêmes à s'en émouvoir et cherchent à réveiller de leur mieux l'amour-propre national. Il ne faudrait donc pas conclure que les Ecoles commerciales sont inutiles par la seule raison que les Anglais n'ont pas jugé à propos d'en établir.

En Amérique, j'ai éprouvé un vif intérêt à visiter plusieurs Ecoles supérieures de commerce, remarquables à double titre, d'abord à cause des matières qu'on y enseigne, ensuite par l'originalité de leur organisation. On dirait que les Américains n'ont qu'une idée, celle de faire les choses autrement qu'en Europe.

Une Ecole de commerce aux Etats-Unis est une affaire qu'un spéculateur hardi entreprend pour faire fortune. On fonde un premier établissement où l'on forme dans les premiers temps un petit nombre de jeunes gens réellement capables, dont le succès subséquent dans le haut commerce où la finance jette un renom sur l'Ecole, et l'on se sert de ce levier, exploité habilement par une publicité bien entendue, pour arriver à créer dans vingt ou trente autres villes des succursales qui deviennent bientôt très-productives. C'est ainsi que l'Université commerciale de MM. Bryant et Stratton est arrivée à compter cinquante succursales sur toute l'étendue des Etats-Unis, et que M. Eastmann est devenu l'heureux possesseur d'une des maisons de campagne les plus charmantes de Poughkeepsie, dans l'Etat de New-York.

Je vais donner successivement quelques détails sur ces deux entreprises rivales, et je commencerai par l'Université de MM. Bryant et Stratton. Les élèves qui suivent ses cours ont rarement moins de quatorze ans, et en ont souvent beaucoup plus ; ils sont tous censés avoir terminé leurs études générales, et ne venir à l'Ecole commerciale que pour étudier le commerce proprement dit. Les études y sont entièrement pratiques ; les élèves y reçoivent bien quelques notions théoriques sur la tenue des livres, sur les calculs abrégés, sur les grands principes du commerce et du droit commercial, mais l'intérêt, véritable du collége se concentre dans une vaste salle où l'on voit quatre ou cinq comptoirs séparés, intitulés l'un le Bureau, l'autre la Banque, le troisième la Compagnie d'Assurances, le quatrième l'Agence des Transports et ainsi de suite. Les élèves passent successivement un temps plus ou moins long dans chacun de ces comptoirs : dans le Bureau ils tiennent le journal, le grand-livre, le livre de marchandises, ils font des factures, des comptes de vente, ils échangent des correspondances, soit entre eux, soit avec la Banque, l'Assurance, l'Agence des Transports, etc. ; dans la Banque, ils font successivement l'office de caissier, de commis des chèques, etc. : dans l'Assurance, ils rédigent des polices : dans l'Agence des Transports, dans la Compagnie Maritime, ils délivrent des lettres de voiture ou des connaissements. En un mot, ils se mettent au courant de la pratique des affaires.

Les cours, chose très-originale, ne commencent pas à une époque déterminée de l'année ; on se fait inscrire quand on veut, et l'on entre dans la section que l'on est de force à suivre. La durée des études n'est pas fixe non plus ; on reste à l'Ecole le temps que l'on désire, et on peut subir son examen de sortie, pour l'obtention du diplôme, aussitôt qu'on s'y croit suffisamment préparé. Le prix des études est le même, que l'on séjourne trois mois au collége, ou qu'on y reste un an ou deux : il est toujours de 350 francs. Et ce prix, payé une fois pour toutes, donne droit à passer du collége où l'on se trouve, dans ceux des autres villes, de même qu'après avoir été élève dans sa jeunesse, on peut toujours plus tard recommencer gratuitement l'un ou l'autre des cours, ou demander des conseils à l'Institut.

C'est dans l'esprit de spéculation que se trouve le défaut capital des Ecoles de commerce américaines. La préoccupation de l'intérêt pécuniaire y a considérablement abaissé le niveau de l'enseignement ; on a voulu attirer un grand nombre d'élèves, et pour cela on a restreint d'une manière fâcheuse le cercle des études. On y laisse de côté, et la géographie commerciale et l'économie politique, et les langues vivantes, toutes matières indispensables cependant à un enseignement supérieur : on cherche avant tout à séduire le public en lui annonçant qu'il suffit de quatre à six mois aux jeunes gens intelligents pour parcourir le cycle complet des études et obtenir le magnifique diplôme sur velin, finement gravé, qui les attend à la suite de l'examen. Les professeurs reconnaissent eux-mêmes ce défaut, et M. Clarke, l'intelligent directeur de la succursale de Brooklyn, fait tous ses efforts pour retenir ses élèves plus longtemps, mais il faut bien céder jusqu'à un certain point aux mœurs nationales qui exigent que tout se fasse en courant.

Deux choses bien américaines m'ont frappé aussi chez MM. Bryant et Stratton ; c'est d'abord le journal commercial publié mensuellement par eux, et qui tient les différentes succursales au courant de ce qui se fait dans chacune d'elles en même temps qu'il s'occupe des événements commerciaux qui intéressent le pays tout entier. Ce journal contient, comme les nôtres, des faits divers et un feuilleton ; au moment où j'ai passé à Chicago, au commencement de 1869, ce feuilleton consistait, au grand plaisir des élèves, en une traduction de *Graziella*. L'Ecole y publie aussi des réponses aux questions faites par le public sur certains sujets de commerce ou de droit. En un mot, il offre un certain intérêt, et il prétend être arrivé à se vendre à 10,000 exemplaires.

Le second trait fort curieux de ces Ecoles, c'est que l'on y trouve de charmantes demoiselles qui semblent parfaitement à l'aise au milieu de leurs condisciples. Et comme je demandais à l'un des professeurs, si ces demoiselles ne craignaient pas d'être ainsi au milieu de jeunes gens, il me répondit que c'étaient ces derniers au contraire qui évitaient de se compromettre, les usages américains ne badinant pas sur ces questions-là.

Le grand reproche que l'on peut adresser aux colléges Bryant et Stratton est donc, je le répète, leur prétention de donner, dans l'espace infiniment trop court de quatre à six mois, ce qu'ils appellent une éducation complète. Nous allons trouver le même écueil dans le collége commercial national de M. Eastmann, à Poughkeepsie, jolie petite ville, délicieusement située sur les bords de l'Hudson, et qui a été choisie à bon droit pour le siége de plusieurs établissements d'instruction. Contrairement au système de succursales de MM. Bryant et Stratton, qu'en sa qualité de concurrent il décrie de son mieux, M. Eastmann a préféré concentrer toutes ses forces à Poughkeepsie même, où son institution s'est développée au point d'occuper aujourd'hui six bâtiments. Par contre, il a imité les réclames de ses adversaires, il les dépasse même ; ainsi il envoie son portrait à toutes les personnes qui lui en font la demande, et même à celles qui ne la font pas, et quand on visite l'Ecole, on ne peut en sortir que les poches bourrées des signatures superbes de ses professeurs de calligraphie. A en croire les prospectus de M. Eastmann, sa méthode d'enseignement, qu'il a brevetée du reste, est si remarquable que trois mois suffisent pour transformer un garçon de ferme en un négociant accompli !

Son enseignement se divise en trois parties : l'élève passe d'abord par le collège *théorique* où, en une vingtaine de jours, on le met au courant de tous les principes de la tenue des livres ; puis il entre dans la division des *affaires élémentaires* où on lui met entre les mains une certaine quantité de monnaie fictive avec laquelle il achète et vend des marchandises représentées aussi par des signes conventionnels ; il échange des factures, inscrit les écritures nécessaires dans ses différents livres, etc. ; enfin il arrive au collége des *affaires supérieures* où il devient successivement détaillant, marchand à la commission, assureur, agent d'expédition, changeur, courtier, commis de douane et banquier. Dans toutes ces positions, il ne néglige pas ses intérêts, et la balance finale qu'il fait au moment de sortir de l'Ecole lui indique si, dans le cours de ses affaires simulées, dont les prix sont réglés par les cotes que l'on reçoit chaque jour de New-York, il a gagné ou perdu.

A côté de cet enseignement principal que je viens d'esquisser rapidement, le collége Eastmann donne quelques cours, ou plutôt comme il les appelle, des *lectures* sur le droit et l'économie politique et même sur la Constitution américaine ; enfin l'une des branches de l'institution possède les appareils nécessaires pour mettre les jeunes gens à même d'entrer comme employés dans les bureaux télégraphiques. La calligraphie joue aussi un rôle très-important chez M. Eastmann qui fait grand étalage de son brevet pour une nouvelle méthode de réformer l'écriture.

Tout cela serait fort bon si l'on y consacrait le temps nécessaire, mais il me paraît évident que le désir d'avoir de nombreux élèves (et M. Eastmann se vante d'en avoir eu 3627 dans la seule année de 1868) se renouvelant constamment et payant tous la même somme, quelle que soit la durée de leur séjour, doit nuire considérablement à l'élévation de l'enseignement. Les élèves qui sortent des colléges de Bryant et Stratton et d'Eastmann peuvent devenir de bons teneurs de livres et de bons caissiers, mais ce n'est certes pas en embrassant tant de sujets en aussi peu de temps que l'on a pu développer en eux le raisonnement, le jugement et les qualités nécessaires pour en faire de vrais négociants. L'Amérique possède donc ce que je nommerai des Ecoles de commerce *spéciales* mais non pas *supérieures ;* c'est en Europe que nous allons trouver ces dernières. Avant d'y arriver, je désire, toutefois, ouvrir ici une parenthèse pour signaler un enseignement fort curieux, que j'ai rencontré dans plusieurs des écoles américaines et qui, s'il ne se rapporte pas directement aux Ecoles de commerce, pourrait s'y rattacher cependant dans l'esprit de quelques personnes. Je veux parler d'un cours, non pas d'éloquence, l'expression serait mal interprétée, mais d'élocution, où, en un mot, on donne aux jeunes gens l'habitude de parler en public et d'exprimer leurs idées correctement et logiquement. Ce cours, auquel il suffit de consacrer une heure par semaine, se fait de la manière suivante : chaque élève monte à son tour sur une plateforme où, debout devant ses condisciples, il s'habitue à lire d'abord à haute voix, puis à réciter des morceaux choisis, ensuite des essais écrits par lui-même, puis à improviser sur un sujet indiqué par le professeur, et enfin à se livrer vis-à-vis d'un camarade à un débat sur le mérite duquel la classe se prononce par un vote. Pour accoutumer les élèves à exprimer leurs idées d'une façon concise, on ne leur accorde la parole que pour un temps limité, dix minutes au plus, et je n'ai pas besoin de dire que le professeur est toujours là pour faire des observations et pour donner des conseils aussi bien sur le fond que sur la forme. C'est le professeur aussi qui choisit les sujets à traiter, et si en Amérique la pratique de la liberté permet de donner une grande latitude, on exclut néanmoins les discussions politiques du jour et les questions religieuses qui pourraient passionner le débat. Les improvisations se font d'ordinaire sur l'histoire, sur des descriptions de voyage ; des débats portent sur des questions d'économie politique et sociale. N'y aurait-il pas avantage à introduire quelquechose d'analogue dans nos villes commerciales et manufacturières où, trop souvent, nos hommes les plus remarquables par leur jugement et leurs connaissances pratiques, n'osent pas ou ne savent pas exprimer leurs idées et cèdent la place, au grand détriment de l'intérêt général, à des gens dont le seul mérite est de savoir faire de belles phrases. Combien ne serait-il pas désirable que dans les réunions d'actionnaires, dans les enquêtes, dans les conseils municipaux et généraux, enfin au Corps législatif, beaucoup de nos manufacturiers et de nos négociants d'une expérience si remarquable, pussent contribuer, mieux qu'ils ne le font, au progrès de notre patrie !

Des cours pareils habitueraient les Français, non pas seulement à parler en public, mais encore à écouter. Au lieu d'interrompre par des exclamations toujours bruyantes, jetées à tort et à travers, et qui, au Corps législatif, par exemple, font si mauvais effet sur l'esprit de ceux qui ont eu l'occasion d'assister aux délibérations calmes et dignes des grandes assemblées de l'Angleterre, nous verrions les orateurs se succéder avec ordre et répondre d'une manière raisonnée aux objections de leurs adversaires. Il a été décidé dans ces derniers temps que l'on renoncerait aux candidatures officielles ; c'est une fort belle résolution, mais il est bien à désirer pour sa réussite dans la pratique que la masse des citoyens sache aller dans les réunions opposer publiquement ses idées aux utopies qu'on y entend trop souvent. A tous les points de vue il me semble donc qu'en créant des cours d'élocution dans nos principaux établissements scolaires, on ferait une heureuse innovation.

L'Allemagne possède plusieurs Ecoles de commerce. Je citerai notamment celles de Hambourg, de Francfort, de Stuttgard et de Leipsick. Cette dernière est la plus connue. Elle a été décrite par M. Baudoin dans son beau rapport sur l'enseignement spécial en Belgique, en Allemagne et en Suisse. Les élèves y forment deux divisions entièrement distinctes : 1° celle des apprentis qui, déjà employés dans les maisons de commerce, ne peuvent consacrer à leur instruction que peu d'heures par jour ; 2° celle des jeunes gens qui ne sont attachés à aucune maison, et qui peuvent, avant de s'engager dans le commerce, suivre du matin au soir les cours complets de l'école.

Pour y être reçu, il faut avoir 14 ans au moins et 16 ans au plus et subir un examen d'entrée pour lequel on est assez exigeant, mais à bon droit, car j'attribue à cette condition une grande partie du succès de l'école de Leipsick. Bien que les élèves soient tous externes, la discipline y est très-sévère et un inspecteur spécial est chargé de surveiller leur conduite au dehors de l'école.

Le cours pour les apprentis est de deux heures par jour, une heure le matin, de 7 à 8, une heure le soir, de 2 à 3. Ce sont les heures de la journée pendant lesquelles les affaires sont le moins actives dans les comptoirs de la ville, et les chefs des maisons de commerce peuvent alors se priver sans trop d'inconvénients de leurs commis. Le cours complet pour ces apprentis dure 3 ans ; il comprend pour chaque semaine 1 heure d'allemand, 2 heures de français, 2 heures d'anglais, 2 heures d'arithmétique, 2 heures de science commerciale, 1 heure de géographie, 1 heure de calligraphie. Cet enseignement est très-apprécié par le commerce moyen de la ville.

Le cours pour les élèves proprement dits est divisé en trois classes, et chaque classe dure un an ; les études y sont donc complètes en trois ans. Le programme en est sans doute un peu trop chargé, comme on le verra en consultant la note [1], et il serait à désirer qu'on le simplifiât. Je n'oserais toutefois pas insister beaucoup sur ce défaut puisque les négociants de Leipsick paraissent satisfaits des élèves de leur école, ce qui est en définitive le point essentiel. Cette école a été fondée par la corporation des marchands de la ville ; elle a donné pendant les premières années d'assez lourdes pertes, mais aujourd'hui son renom lui attire des élèves de toutes les parties du monde et elle fait plus que ses frais.

De toutes les Ecoles de l'étranger, la plus remarquable est certainement l'Institut supérieur de commerce d'Anvers, M. Baudoin, dans le rapport que j'ai cité plus haut, et M. Penot, dans le Bulletin d'avril 1866 de la Société industrielle de Mulhouse, en ont fait tous deux le grand éloge. M. Penot a même pu dire : « Toutes les personnes que j'ai consultées, dont quelques-unes avaient eu leur fils à l'Ecole, ou avaient pour commis dans leurs comptoirs des jeunes gens qui en étaient sortis, ont été unanimes à déclarer que l'enseignement de l'Institut, qui compte douze années d'existence, est parfaitement approprié à sa destination, et que, confié à des hommes d'un vrai mérite, il a été d'une grande utilité, non seulement aux élèves qui en ont profité, et dont plusieurs se sont élevés par leur mérite à de fort belles positions, mais encore au commerce en général. »

L'enseignement que l'on y donne est complet en deux ans. Pour être admis, les élèves doivent passer un examen qui confère le titre et les droits d'élève de première année. Cet examen comprend une composition en français, un morceau de littérature traduit du français en allemand et en anglais, des questions sur la géographie génerale, des problèmes sur les mathématiques, etc. Ceux qui ne sont pas encore en mesure d'affronter l'examen, peuvent s'y préparer à l'Institut même où se trouve un cours préparatoire que presque tous les jeunes gens suivent avant de se faire inscrire aux cours supérieurs, qu'ils n'abordent guère avant l'âge de 18 à 20 ans.

L'inscription est générale ou spéciale. La première donne le droit de suivre tous les cours, la seconde est prise par ceux qui n'ont pas été heureux à l'examen d'admission ou par ceux qui se résignent d'avance à n'obtenir aucun diplôme ni aucun certificat à la fin des cours. Les élèves ne logent pas dans l'Institut ; ils sont donc obligés de prendre quartier, soit dans les maisons bourgeoises, soit chez les professeurs particuliers ; mais contrairement à ce qui se passe à Leipsick, l'administration de l'Institut reste entièrement étrangère à ces engagements et n'exerce aucune surveillance en dehors des leçons.

Le programme complet des cours, que je place en note pour les personnes qui désireront le consulter [2], ne saurait être mieux conçu. L'enseignement y est à la fois théorique et pratique ; pratique dans ce que l'on appelle le *Bureau commercial* dont nous allons voir le fonctionnement et qui occupe dix-huit heures par semaine dans chacune des deux années.

Les élèves, réunis par groupes de cinq ou six dans des salles séparées, composent des bureaux commerciaux, dont chacun représente des négociants de divers pays ; par exemple le bureau n° 1 des commerçants belges, le n° 2 des commerçants américains, le n° 3 des commerçants français, et ainsi de suite. Une affaire simulée s'engage entre deux bureaux. Ce sont, si l'on veut, les négociants d'Anvers qui font une commande de coton à ceux de New-York. Une correspondance commerciale s'établit alors entre ces deux bureaux ; les conditions sont adressées en français, les réponses en anglais ; on débat les questions de prix, de commission, de paiement à telle ou telle échéance, d'escompte, de change, etc. Il est convenu, par exemple, que les marchandises, une fois chargées, seront au compte des commerçants d'Anvers. Ceux-ci s'entendent alors avec une compagnie d'assurance anglaise. Le navire quitte New-York, se dirige sur la Belgique ; les cotons arrivent à Anvers, mais avec quelques avaries qu'il faut régler avec la compagnie d'assurances. Enfin, la marchandise est vendue, tous les règlements de compte se font, et au bout de l'opération, les élèves se trouvent avoir passé en revue toutes les questions qui rentrent dans les règles du commerce ordinaire.

A la fin de la seconde année, les élèves se présentent à un grand examen. Ceux qui sortent avec honneur de ces difficiles épreuves, reçoivent un diplôme de capacité, et ceux qui ont passé l'examen avec *grande distinction,* obtiennent en outre du gouvernement le titre d'élèves-consuls et une somme qui varie de trois à cinq mille francs, pour aller voyager pendant un ou deux ans dans un pays étranger, à leur choix. On exige d'eux, en retour, qu'ils adressent tous les trois, mois, au ministre des affaires étrangères, un rapport sur le commerce et l'industrie des Etats dans lesquels ils se trouvent. M. Penot assure que ces travaux sont généralement bons et quelquefois excellents ; à ce point, que le gouvernement les fait imprimer dans son *Recueil consulaire* et que le commerce y trouve souvent des indications fort utiles. Les négociants d'Anvers espèrent que l'*Institut* deviendra ainsi une pépinière de consuls, dont leur pays pourra tirer un grand profit.

L'Institut d'Anvers est, on le voit, remarquable. Mais en lui accordant de grands éloges, je ne suis que plus à l'aise pour signaler aussi le point faible qu'on y rencontre et qu'il faudrait chercher à éviter dans une création future. Les élèves sont extrêmement libres et comme partie d'entre eux, ceux qui n'ont pris qu'une *inscription spéciale,* suivent parfois seulement un cours ou deux, il en résulte que ces grands jeunes gens sont un peu trop connus dans les cafés de la ville. Il y aurait donc lieu à rétablir une discipline plus sévère et surtout à supprimer les inscriptions spéciales en exigeant que les élèves suivent indistinctement tous les cours de l'Ecole.

L'Italie, unie et libre, a voulu développer aussi son commerce et son industrie. Elle vient de fonder à Venise, dans le palais Foscari et sous la direction de M. Ferrara, une Ecole de commerce pour laquelle cent mille francs de subvention annuelle ont été réunis par l'Etat, la province, la municipalité et la chambre de commerce. Son programme est à peu près le même que celui de l'Ecole de Mulhouse dont je parlerai plus loin, sauf qu'il est question d'y joindre une troisième année dans laquelle on formerait des consuls et des professeurs de commerce pour les Ecoles secondaires. Dans cette troisième année on enseignerait surtout le droit commercial, le droit international, l'histoire du commerce et des traités de commerce.

On dit aussi que la ville de Gênes se préoccupe de la création d'une Ecole de commerce ; je n'ai pas encore eu de renseignements sur le programme qu'elle se propose d'adopter.

1

COURS	HEURES PAR SEMAINE		
	1re ANNÉE	2e ANNÉE	3e ANNÉE

COURS	1re ANNÉE	2e ANNÉE	3e ANNÉE
Allemand	4	3	3
Français	5	4	3
Anglais	5	4	3
Italien (facultatif)	—	3	2
Chimie	—	—	3
Physique	3	3	—
Arithmétique	5	3	2
Mathématiques	3	3	2
Calligraphie	4	2	1
Dessin	2	2	2
Géographie	2	2	2
Histoire	2	2	2
Tenue des livres	—	—	2
Correspondance	—	—	2
Science commerciale théorique	—	2	1
Droit commercial	—	—	1
Technologie	—	—	3
Economie	—	—	2
Connaissance des marchandises	—	—	1
Science commerciale pratique	—	2	—
	35	35	37

2

COURS	1re ANNÉE	2e ANNÉE
Bureau commercial	18	18
Economie politique et statistique commerciale	2	2
Connaissance des produits et marchandises	3	3
Droit civil (les principaux principes)	1	—
Histoire générale du commerce et de l'industrie	—	1
Droit commercial et droit maritime comparés ; principes du droit des gens	—	2
Géographie commerciale	2	2
Législation douanière	—	1
Construction et armements maritimes	—	1
Allemand	3	3
Anglais	3	3
Espagnol	3	3
Italien	3	3

III

J'arrive aux Ecoles commerciales françaises. Il y en a trois : celle de l'avenue Trudaine à Paris, celle de la rue Saint-Pierre-Popincourt, à Paris aussi, enfin l'Ecole supérieure de commerce de Mulhouse.

L'Ecole de l'avenue Trudaine ne peut pas être rangée dans la catégorie des écoles supérieures ; elle appartient plutôt à l'enseignement secondaire spécial, mais j'ai cru devoir la mentionner néanmoins, parce que, sous l'habile direction de M. Quételard, elle rend de véritables services aux familles de la classe moyenne qui désirent mettre leurs enfants à même de devenir, dès l'âge de 15 ou 16 ans, de bons commis aux écritures. Les enfants peuvent y entrer dès l'âge de 10 ans dans une classe préparatoire d'où ils passent successivement dans les classes de 1re, 2e 3e et 4e années. Je joins en note [1] le programme détaillé des études que l'on y fait et qui est parfaitement adapté au but que se propose cette Ecole. Elle a été fondée en 1863 par la chambre de commerce de Paris, qui n'a pas reculé devant une dépense d'un demi-million et qui a bien fait, car il y a lieu de lui adresser des félicitations. Ses élèves sont tous externes et ne paient que 220 francs par an, ce qui n'empêche pas l'Ecole de faire plus que ses frais, grâce aux nombreux jeunes gens qu'elle sait attirer. La Banque de France y entretient dix boursiers.

L'Ecole supérieure du commerce de la rue Saint-Pierre-Popincourt a été fondée à Paris en 1820, par M. Blanqui, sous le patronage de MM. Casimir Périer, Ternaux, Chaptal, Jacques Lafitte, etc. ; elle a été dirigée pendant 25 ans par son fondateur, puis par M. Gervais de Cæn, et elle est administrée depuis un an par la chambre de commerce de Paris. Elle est conduite par M. Paul Schwæblé, avec l'aide d'un conseil de perfectionnement, présidé par le ministre du commerce et composé des plus hautes notabilités du commerce, de l'industrie et de l'économie politique. M. Denière, président de la chambre de commerce de Paris, s'y intéresse tout particulièrement, et le prince Napoléon décerne chaque année des médailles aux deux meilleurs élèves.

Cette Ecole est fréquentée par les étrangers beaucoup plus que par la jeunesse française ; elle est surtout très-connue des Américains du Sud. Les élèves y sont tous internes, et ils doivent être âgés de plus de 15 ans ; le prix de la pension est de 1800 francs par an. Le cours complet dure trois ans et il se partage en trois divisions ou *comptoirs*. Les jeunes gens convenablement préparés peuvent entrer de prime abord dans le second comptoir.

J'ai une petite critique à adresser au conseil de perfectionnement de l'Ecole ; je me la permettrai d'autant plus librement que je porte un plus vif intérêt à sa réussite. Son programme est beaucoup trop vaste, comme on pourra s'en convaincre en jetant un simple coup-d'œil sur le détail que j'en donne ci-dessous [2] ; il faudrait supprimer quelques-uns des cours et augmenter par contre le nombre d'heures des plus importants, des plus spéciaux. Il faudrait que le professeur de comptabilité eût le temps de joindre la pratique à sa théorie, que le professeur d'économie politique et de droit pût entrer dans quelques développements, il faudrait enfin que la géographie occupât le rang qui lui est dû dans ce grand enseignement du commerce international. De nos jours les Ecoles supérieures doivent se renfermer strictement dans leur spécialité, et leur meilleur moyen de réussite est d'être sévères dans les examens d'entrée et de ne recevoir que des jeunes gens dont l'instruction générale est terminée. L'expérience amènera l'Ecole supérieure de la rue Saint-Pierre-Popincourt à faire quelques modifications dans ses programmes, je le crois ; et au surplus avec les hommes qui la dirigent on peut être sûr qu'elle ne négligera rien pour arriver à être excellente.

Il serait aussi à désirer que le ministre du commerce s'entendît avec ses collègues des affaires étrangères et de la marine pour organiser auprès de cette Ecole ou de la nouvelle école supérieure, plus française, que M. Denière projette, dit-on, un cours complémentaire destiné à former des consuls plus commerciaux que ne le sont généralement nos représentants actuels à l'Etranger, et des administrateurs civils pour nos colonies, notamment pour les postes si importants d'inspecteurs des affaires indigènes en Cochinchine.

Il n'est personne, en effet, qui, après avoir voyagé dans les pays étrangers, ne revienne très-impressionné par la différence que présente notre corps consulaire avec ceux des autres nations. Les consuls anglais, les consuls américains surtout, s'intéressent à la réussite commerciale de leurs nationaux ; ils les protégent de tout leur pouvoir, sont toujours prêts à leur donner d'utiles renseignements, enfin, en cas de désaccord avec un étranger, c'est leur compatriote qu'ils soutiennent invariablement jusqu'au moment où des preuves bien indiscutables les obligent à reconnaître qu'il est dans son tort. Auprès de nos consuls, nous voyons précisément le contraire : le Français est condamné d'avance. Et du reste, au point de vue du développement de nos relations d'affaires, quel bien pourrait-on attendre de consuls, qui d'abord ne savent pas le premier mot du commerce, et qui, ensuite, ignorent presque toujours la langue du pays dans lequel ils se trouvent. Une simple décision ministérielle les transfère subitement d'une des villes de l'Espagne, par exemple, dans l'un des ports de l'Inde ou de la Chine ; tandis que chez les Anglais, il faut, pour pouvoir devenir consul dans l'extrême Orient, avoir été d'abord pendant longtemps élève-interprète, puis interprète, puis enfin vice-consul. La carrière entière d'un agent anglais se fait dans le même pays ou dans ses environs immédiats, et le résultat bien évident en est, que les Anglais sont toujours mieux au courant que personne, de ce qui s'y passe. Pour ne citer à cet égard qu'un seul fait, à cause de sa grande importance : l'insuccès de la politique française au Japon, lors de la lutte entre le Taïkoune et le Mikado, n'a-t-il pas été dû à notre manque d'interprètes capables de consulter les livres historiques japonais, pendant que l'Angleterre avait, elle, à Yedo, un jeune homme qui, parfaitement initié à la langue du pays, a su la renseigner à temps sur l'état des choses.

Voyageur français, si vous n'êtes pas duc ou prince, cuirassez votre cœur contre la manière dont vous traiteront les trois quarts de nos consuls ; vous paraîtrez devant eux comme le soldat devant son supérieur, vous trouverez en eux des surveillants, non pas des soutiens, et si naïvement vous empruntiez à votre compagnon de route américain sa théorie à lui, qui consiste à dire que le consul étant payé par les contribuables, est tenu de chercher à leur rendre service, vous vous apercevriez bientôt qu'en France nous ne sommes pas démocrates à ce point, et qu'il y a encore chez nous deux classes parfaitement distinctes, celle des fonctionnaires, qui a remplacé la noblesse, et celle des administrés.

Quant aux inspecteurs des affaires indigènes en Cochinchine, voici quel est leur rôle. Au moment où nous avons pris possession de notre nouvelle colonie, nous y avons trouvé un système communal des plus avancés ; chaque commune était administrée par un maire et par un conseil de notables qui s'occupaient de la répartition de l'impôt, de la gestion des affaires et des rapports avec l'administration supérieure. Nous avons respecté avec raison cet état de choses qui, en intéressant les populations beaucoup plus à leur clocher qu'à la mère-patrie, assure notre sécurité politique, et nous avons institué pour nos rapports avec les communes un certain nombre de fonctionnaires européens, que nous appelons les inspecteurs des affaires indigènes. Ils sont aujourd'hui au nombre de vingt-neuf, soit un par 70,000 habitants, et leurs fonctions consistent tout à la fois à contrôler l'administration des maires, à chercher à développer le commerce et l'agriculture de leur province, à rendre la justice et enfin à se mettre, en cas de troubles ou de révolte, à la tête des milices natives, que nous avons déjà pu organiser parmi les Anna-mites. Ces inspecteurs sont sous les ordres de la direction de l'intérieur, établie à Saïgon, et qui relève directement du gouverneur.

Il est évident que des postes aussi importants demandent des hommes préparés à cette tâche multiple, des hommes qui s'entendent en juridiction, en administration, en agriculture, en commerce, et qui soient, autant que possible, au courant des idées, des coutumes et de la langue des Annamites. Or, avec notre gouvernement militaire actuel, où prend-on ces inspecteurs ? Parmi des enseignes et des lieutenants de vaisseau, des officiers d'infanterie de marine qui, sans aucune étude préalable, et après un simple stage de trois à six mois auprès d'un autre inspecteur, passent chefs à leur tour. Ces officiers, que la direction choisit, je le veux bien, avec grand soin, car j'ai pu me convaincre lors de mon passage en Cochin chine de la conscience qu'y portait le digne amiral de la Grandière, n'offrent cependant pas les garanties de capacité nécessaires. Ce sont des gens parfaitement honorables, je l'accorde, mais ce sont des militaires avant tout, et ce ne sont pas des administrateurs. Et, pour comble de malheur, il arrive infailliblement qu'au bout de deux, trois ou quatre ans, lorsqu'ils commencent à être au courant de leur nouvel emploi, ils sont un beau jour élevés en grade, et ils quittent l'inspectorat pour reprendre la mer.

Il est clair que ce système pèche par la base ; au lieu d'inspecteurs militaires et temporaires, il faudrait des hommes élevés spécialement dans ce but, trouvant dans cette carrière une position stable. Il faudrait une Ecole spéciale qui, pour un certain nombre de ses cours, pourrait être réunie à une Ecole supérieure de commerce, où l'on enseignât à des jeunes gens de la classe des civils, la langue annamite et les principes d'administration et de juridiction nécessaires à cet emploi. Il faudrait qu'ils trouvassent en Cochinchine même tout leur avenir, qu'on les élevât successivement à des inspectorats plus importants, de quatrième, de troisième, de deuxième et de première classe ; que de là ils eussent la perspective de devenir, s'ils s'en montraient dignes, directeur de l'intérieur et même gouverneur ; il faudrait enfin, qu'après un certain nombre d'années de séjour dans ces pays malsains, ils eussent droit à une pension de retraite semblable à celle qui existe pour les « civilians » aux Indes anglaises. A toutes ces conditions seulement nous aurons de bons inspecteurs des affaires indigènes.

L'Ecole supérieure de commerce de Mulhouse a été créée en 1866. Son but principal est de former des jeunes gens pour le haut commerce et pour le commerce international. Elle s'adresse donc plus particulièrement à deux catégories d'élèves : aux fils de famille qui auront plus tard de grandes affaires à diriger et aux jeunes gens qui, sentant en eux le noble désir de se créer une position, ne reculent pas devant l'idée d'avoir peut-être à s'expatrier pendant quelques années. L'Ecole de Mulhouse est donc une véritable Ecole supérieure et elle est, comme l'Institut d'Anvers, fort intéressante à étudier par tous ceux qui s'occupent de ces questions. Son excellent directeur, M. Penot, accueille du reste tous les visiteurs de la façon la plus ouverte et l'on dirait que son plus grand plaisir est de surprendre les professeurs et les élèves au milieu même des leçons et des examens.

Les jeunes gens qui désirent suivre les cours doivent être âgés d'au moins 16 ans et passer un examen d'entrée, à moins qu'ils ne soient déjà munis du diplôme de bachelier, comme cela est le cas pour un certain nombre des élèves actuels. La durée de l'enseignement est de deux ans. Les frais d'études sont de 600 fr. par an. L'Ecole n'a pas d'internat, mais le directeur recommande aux parents qui lui en font la demande, des familles disposées à prendre des pensionnaires et à fournir, si on le désire, des notes régulières sur la conduite des jeunes gens qui leur sont confiés.

L'enseignement de l'Ecole est à la fois théorique et pratique. Le *bureau commercial* y est organisé comme à Anvers et donne les meilleurs résultats. Les élèves s'y occupent des calculs abrégés, des conjointes, des bordereaux, des comptes courants par toutes les méthodes, des factures, des comptes de vente, des traites, des lettres de voiture et des connaissements. Tout cela se fait non pas seulement en français et en monnaies françaises, mais en anglais et en piastres fortes aussi bien qu'en dollars et en livres sterling. Les opérations de change et d'arbitrage entre les principales places du monde y jouent un grand rôle, de même que les calculs de comptes de revient de toutes sortes de marchandises. La tenue des livres dans tous ses détails se joint bientôt à ces différentes opérations et il arrive un moment où les élèves sont assez forts pour que le professeur puisse les séparer, comme à Anvers, en un certain nombre de comptoirs qui, censés établis l'un au Havre, le second à Londres, le troisième à New-York et le quatrième à Marseille, correspondent entre eux, chacun dans la langue de son pays, pour transmettre des ordres d'achat, remettre des factures, des comptes de ventes, tirer des traites, etc., etc., le tout aux cours du jour indiqués par les circulaires que reçoit l'Ecole.

Indépendamment de ce *bureau,* qui forme la base de l'enseignement, l'Ecole de Mulhouse attache aussi le plus grand prix à un enseignement de la géographie commerciale que je citerai comme des plus remarquables. Les différents pays du monde y sont examinés successivement au point de vue de leurs fleuves, de leurs canaux, de leurs chemins de fer, de leurs ports et de leurs centres industriels, de leurs produits minéraux, agricoles et manufacturés, de leurs exportations et de leurs importations. C'est en un mot un enseignement pratique de la plus haute portée, que vient encore compléter et développer un cours de *marchandises* dans lequel les élèves apprennent à distinguer à la vue, au toucher, au goût, ou par des réactions chimiques peu compliquées, les différents produits que l'on rencontre dans le commerce. Le professeur indique les pays d'origine, les endroits de consommation, les principaux entrepôts, les prix moyens, enfin le mode d'emballage de tous ces produits, et pour terminer son cours de la façon la plus pratique, il conduit de temps en temps ses élèves dans les établissements industriels, magasins, chantiers, etc., de la ville et des environs.

L'économie politique et les grands principes du droit sont enseignés avec soin, et l'on consacre beaucoup de temps aussi à l'étude des langues vivantes ; les élèves sont tenus d'en apprendre deux : l'anglais, obligatoire pour tous, et l'allemand, l'italien ou l'espagnol à leur choix. Quant à la calligraphie, elle est non seulement l'objet d'un petit cours spécial, mais elle est surtout exigée dans le bureau commercial où les livres sont examinés au double point de vue de l'exactitude des calculs et de la bonne apparence. Enfin 16 ou 17 heures d'étude par semaine, ajoutées au temps pris par les leçons, permettent de garder les élèves 8 heures par jour à l'Ecole, ce qui donne une double garantie de travail et de bonne conduite à l'extérieur.

De nombreux examens tiennent les élèves constamment en haleine ; le directeur fait un examen hebdomadaire pour chacun des cours principaux, puis il y a les examens trimestriels auxquels sont invités les membres du conseil de surveillance, et l'épreuve de fin d'année pour passer d'une classe dans l'autre ou pour obtenir le diplôme. Les notes que les jeunes gens ont reçues dans le courant de l'année sont prises en considération dans ces deux grands examens. Les élèves ont ainsi un stimulant continuel, d'autant plus que celui qui, au sortir de la division supérieure, a obtenu le plus grand nombre de points, a été envoyé jusqu'ici faire un voyage commercial aux frais de l'un des membres du conseil de surveillance, M. Georges Steinbach [3].

L'Ecole supérieure de commerce est venue fort à propos se placer à côté de l'enseignement technique qu'on trouvait déjà à Mulhouse pour la filature, le tissage et la chimie ; cette ville si intéressante possède ainsi un ensemble d'Ecoles spéciales qui, certes, devraient être imitées par quelques-uns des grands centres de France. Pour ne parler que des Ecoles de commerce, ne devrait-on pas en trouver dans nos principaux ports de mer, au Havre, à Marseille, à Nantes, à Bordeaux ? Il est question d'en établir une à Lyon, et l'on peut dire qu'elle serait bien placée entre les mains d'une des Chambres de commerce les plus avancées de notre pays, mais c'est surtout dans nos ports qu'elles devraient être créées, car c'est avant tout à eux qu'incombe le rôle de développer notre expansion commerciale.

En terminant cette étude, un peu trop longue peut-être, je voudrais pouvoir crier bien haut à la France qu'elle a tort de manquer de confiance en elle-même, comme elle le fait pour son commerce extérieur. Nous ne sommes inférieurs à aucun peuple ni en génie industriel ni en capitaux ; il nous suffirait de former parmi nos jeunes gens quelques bons négociants capables de faciliter de toutes parts nos échanges. Faisons preuve d'un peu de confiance en nous-mêmes et d'un peu d'initiative individuelle ; il y a là une belle place à prendre, je n'en yeux pour preuve que l'observation qui me fut faite un jour par un vrai négociant : « Donnez-moi, me dit-il, vingt jeunes gens intelligents, capables d'aller à l'Etranger, et je me charge de faire leur fortune à tous, en m'enrichissant moi-même ! »

JACQUES SIEGFRIED.

Mulhouse, le 10 Avril 1870..

1

	NOMBRE D'HEURES PAR SEMAINE				
	Préparatoire	1re ANNÉE	2e ANNÉE	3e ANNÉE	4e ANNÉE
Français...............	16	9	9	3	1
Mathématiques	6	5	7	6	5
Histoire et géographie ..	2	2	2	2	2
Anglais	3	3	3	3	4
Allemand	3	3	3	3	5
Espagnol	—	3	3	3	3
Calligraphie	4	2	2	1	1
Comptabilité	—	2	3	3	5
Droit commercial	—	—	—	2	3
Economie politique . ..	—	—	—	1	1
Littérature	—	—	—	2	3
Morale	—	—	—	—	1
Dessin................	2	2	2	2	2
Religion..............	1	1	1	—	—
Etude	9	12	9	13	8

2

COURS	HEURES PAR SEMAINE		
	1ʳᵉ ANNÉE	2ᵉ ANNÉE	3ᵉ ANNÉE
Français	4 ½	1 ½	—
Anglais	3	4	3
Allemand	3	3	3
Langues du Midi	—	3	3
Arithmétique	4 ½	4 ½	2
Sciences	3	—	—
Chimie	—	1 ½	1 ½
Physique	—	1 ½	1 ½
Mécanique	—	—	1 ½
Technologie	—	—	1 ½
Comptabilité	3	4 ½	3
Calligraphie	2	2	1
Géographie	2	1	1 ½
Histoire	1	1	1
Droit commercial	—	1	2
Economie politique	—	—	1 ½
Dessin linéaire	3	2 ½	2 ½
Dessin d'ornement	1 ½	1 ½	1 ½
Matières premières	—	1	1 ½
Littérature	—	1 ½	1 ½
Etude	32 ½	28	29

<u>3</u> Voici au surplus le programme complet des cours de l'Ecole de Mulhouse :

COURS	HEURES PAR SEMAINE	
	1ʳᵉ ANNÉE	2ᵉ ANNÉE
Bureau commercial	12	12
Géographie commerciale	4	3
Etude des marchandises	4	4
Législation et économie commerciale	1	5
Calligraphie	2	—
Anglais	4	4
Allemand / Italien / Espagnol au choix de l'élève	4	4
Etude	17	16

LES
ÉCOLES SUPÉRIEURES

DE

COMMERCE

Par JACQUES SIEGFRIED

MULHOUSE
Imprimerie de L. L. Bader
—
1870

39